W0349961

QUAND NOS ADOS
BOUDENT LA FOI

Du même auteur

Crise de l'éducation, temps pour l'évaluation (La Pensée Universelle, 1986)
Cette prévention dite spécialisée (Fleurus, 1988)
Éduquer aujourd'hui pour demain (Salvator, 1988)
Respecter l'enfant (Salvator, 1989)
Le pari éducatif (Centurion, 1991)
La banlieue de l'espoir (Éditions Don Bosco, 1995)
Dire Dieu aux jeunes (Salvator, 1996)
Le jeune, l'éducateur et la loi (Éditions Don Bosco, 1998)
La violence et les jeunes (Salvator, 1999)
Les nouvelles délinquances des jeunes (Dunod, 2001)
Si on parlait de la violence (Presses de la Renaissance, 2002)
Pratiquer la médiation sociale (Dunod, 2002)
Spiritualité de l'éducation (Éditions Don Bosco, 2003)
Y a plus d'autorité (Éditions Érès, 2003)
Enfermer ou éduquer (Dunod, 2004)
Et si on parlait du suicide des jeunes (Presses de la Renaissance, 2004)
Mon combat contre la violence (Bayard, 2005)
Éducation non-violente (Éditions Saint-Augustin, 2005)
Accompagner un jeune blessé (Éditions des Béatitudes, 2006)
Tu peux changer le monde (Salvator, 2006)
Lettre ouverte à ceux qui veulent changer l'école (Bayard, 2007)
À la rencontre des jeunes (Salvator, 2007)
Chemin de croix (Salvator, 2007)
Prières glanées (Éditions Fidélité, 2007)
Pourquoi je suis devenu prêtre (Bayard, 2009)
Pour en finir avec les ghettos urbains (Salvator, 2009)
Promouvoir la médiation sociale (Salvator, 2011)
L'internat, une école de vie pour tous (Don Bosco, 2012)
La pédagogie de Don Bosco en douze mots clés (Don Bosco, 2012)

Jean-marie Petitclerc

QUAND NOS ADOS BOUDENT LA FOI

MÉDIASPAUL

La collection Débats
est dirigée par Bertrand Révillion

bertrand.revillion@mediaspaul.fr

Couverture :

Conception graphique : Béatrice Basteau
Dessin : © Deligne

© *Médiaspaul, 2013*

Médiaspaul Éditions
48 rue du Four
75006 Paris
editeur@mediaspaul.fr

ISBN : 978-2-7122-1274-2

Pour le Canada :

Médiaspaul
3965, boulevard Henri-Bourassa Est
Montréal, QC, H1H 1L1
mediaspaul@mediaspaul.qc.ca
www.mediaspaul.qc.ca

Imprimé en France

Ne parle que si l'on t'interroge,
mais vis de manière qu'on t'interroge.
Maurice Zundel

À tous les parents et grands-parents
qui m'ont fait part de leur désarroi
de voir leur adolescent
s'éloigner des chemins de la foi.
J.-M. P.

Introduction

La panne de transmission

Votre adolescent refuse désormais de vous accompagner à la messe. Et, comme vous insistez un peu, lui disant que ce n'est pas un effort considérable que de consacrer une heure de sa semaine au Seigneur, il vous rétorque qu'il a mieux à faire dans sa chambre. Vous souvenant combien, enfant, il se montrait curieux de Dieu et combien, préadolescent, il s'enthousiasmait pour les activités d'aumônerie, vous tentez de lui faire expliciter les raisons de ce cheminement. Mais il vous répond alors, sur un ton provocateur, qu'il ne s'intéresse plus à toutes ces balivernes qu'enfant on lui a contées. Et il part s'enfermer dans sa chambre.

S'il vous est arrivé d'être confronté à une telle situation avec votre adolescent, ou bien si votre enfant n'a jamais été réceptif à tous les propos tenus sur Dieu, et semble n'avoir aucun intérêt pour le questionnement spirituel, c'est pour vous, parents, grands-parents, que j'ai écrit ces pages.

Vous êtes si nombreux à avoir voulu vous impliquer dans l'éducation religieuse de votre enfant, de votre petit enfant, à l'avoir accompagné au catéchisme, fêté avec toute la famille sa première communion, puis sa profession de foi, à l'avoir encouragé à participer aux activités d'aumônerie, où il allait avec bonheur retrouver ses amis. Et puis, parvenu à l'âge de l'adolescence, voici qu'il prend ses distances avec toute pratique religieuse, il ne semble même plus s'intéresser à la question de Dieu. Alors, vous vous interrogez, et allez jusqu'à vous remettre en cause, vous reprochant d'avoir failli à votre mission d'éducateur chrétien, d'avoir failli dans le processus de transmission de la foi, à laquelle vous êtes pourtant si attachés.

Combien ai-je, pour ma part, rencontré de parents et de grands-parents, désolés de voir leur enfant, leur petit enfant, s'éloigner de l'Église, et s'interrogeant sur les raisons d'une telle prise de distance !

Et pourtant, baucoup de ces jeunes, devenus adultes, continuent de vivre de ces valeurs, d'ouverture à l'autre, de générosité, de solidarité, de fraternité que vous leur avez transmises.

Dans une société aujourd'hui en pleine mutation – dès 1975, Edgar Morin pressentait que nous assistions à « la dislocation, l'atrophie, la fissuration, voire la décomposition à la fois d'un monde qui n'arrive pas à mourir, d'un monde qui n'arrive pas à naître. D'où cet état hybride, ambigu, incertain, non décisif, état mixte que l'on peut appeler dans ce sens intermédiaire : Moyen Âge[1] » –, la question de la transmission de la foi se pose avec acuité.

---

[1] Edgar Morin, *L'esprit du temps*, tome 2, Nécrose, Grasset, 1975, p. 262, 263.

Après plus de trente ans d'accompagnement de préadolescents et d'adolescents, je prends la plume aujourd'hui pour tenter d'apporter quelques pistes de réponse à cette question que parents, grands-parents, vous vous posez souvent :

Transmettre la foi à nos adolescents, une mission impossible ?

Mon propos s'appuie sur une expérience et sur un héritage.

L'expérience, c'est celle de l'accompagnement et de l'animation pastorale que je réalise soit dans le cadre de l'aumônerie de l'enseignement public, soit comme prêtre référent d'établissements privés de l'enseignement catholique, ou bien dans le cadre d'activités paroissiales ou bien en qualité d'aumônier scout, activités menées parallèlement à la pratique de mon métier d'éducateur spécialisé, aujourd'hui à la direction de l'association « Le Valdocco » menant un projet d'éducation globale auprès d'adolescents en difficulté sur le plan familial, scolaire et /ou social.

L'héritage, c'est celui de Don Bosco, dont nous venons de fêter le passage des reliques en France. Ce prêtre de Turin, à l'heure où beaucoup de ses confrères étaient installés dans une démarche du « faire venir » – et c'est encore aujourd'hui ce que l'on peut observer chez tant de prêtres et d'animateurs qui regrettent que les jeunes ne viennent plus à l'Église –, développe une stratégie pastorale innovante consistant à « aller vers », n'hésitant pas à rejoindre les adolescents sur les places et dans la rue.

Ayons conscience qu'aujourd'hui l'adolescent circule chaque jour dans trois lieux : la famille, l'école et la cité. Chacun de ces lieux est marqué par une culture : la culture familiale, largement empreinte de celle de la région ou du pays d'origine, la culture scolaire et la culture de la cité, qui devient celle d'un « entre-jeunes », les adultes ayant un peu déserté l'espace public, culture qui véhicule ses propres codes de communication. Une évolution significative de la jeunesse d'aujourd'hui réside à mes yeux dans la prégnance de plus en plus grande de cette culture de l'« entre-pairs ».

Avec la difficulté à transmettre que connaît la famille, avec le décalage de plus en plus grand entre la culture scolaire et les pôles d'intérêt de cette génération d'adolescents, la culture de l'« entre-pairs » devient pour beaucoup d'entre eux la référence, et ce, tant sur le plan du langage que sur celui du vêtement ou de la musique. Et les adultes sont de plus en plus exclus de cet « entre-pairs ».

Rejoindre les jeunes nécessite aujourd'hui de réinvestir ces lieux de l'« entre-pairs ». Or, l'Église a développé une pastorale familiale qui fonctionne encore avec les parents et les jeunes enfants, mais qui souvent dysfonctionne à l'âge de l'adolescence, lorsque le jeune commence à vouloir se démarquer de ses parents. Elle a développé une pastorale scolaire : école catholique, aumônerie de l'enseignement public. Mais, à la différence d'hier où les jeunes investissaient l'école comme un lieu de vie, ceux d'aujourd'hui ont tendance à ne l'investir que comme le lieu de l'obligation scolaire. Leur « vraie » vie se déroule hors de ses murs. Et les aumôneries ont de plus en plus de mal à rejoindre les jeunes dans l'hors temps scolaire.

Aussi le véritable challenge pour l'Église réside-t-il aujourd'hui à mes yeux dans la capacité à rejoindre les adolescents dans la cité. Il faut réinventer une pastorale de la rue. Tel fut le plus grand défi relevé par Jean Bosco : aller à la rencontre des jeunes des faubourgs de Turin, en investissant le champ des loisirs. Et Don Bosco de donner deux grands conseils à ses disciples :

– s'intéresser à ce que les jeunes aiment,

– développer une relation de proximité.

Il parlait de familiarité, au sens de proximité (*famigliarità* : l'esprit de famille) et non, bien sûr, de vulgarité. Sans familiarité, pas d'affection ; sans affection, pas de confiance possible ; sans confiance, pas d'éducation. Tel est, résumé en quelques mots, le fil rouge de son approche éducative, et celui de son approche pastorale peut se résumer par ce slogan : *Évangéliser en éduquant et éduquer en évangélisant.*

Mon propos sur la transmission de la foi aux adolescents s'inspire directement de cet héritage.

CHAPITRE I

Transmettre la foi ?

Je dois vous avouer d'emblée ne pas être très à l'aise avec cette formulation. Car le risque est grand de chosifier la foi. S'il est une expression que je n'arrive plus à dire aujourd'hui, c'est bien « j'ai la foi ». C'est comme si l'un d'entre vous me disait « j'ai l'amour de ma femme » ou « j'ai l'amitié de mon copain ». Je pense que s'il raisonne ainsi, il est sur le chemin de le perdre. Il ne peut s'agir d'avoir l'amour, mais seulement d'aimer et de se laisser aimer. Il ne peut être question d'avoir la foi, mais seulement de croire en l'Autre, et de Le laisser croire en moi.

La confiance, antidote de la peur

Le mot foi vient du latin *fides*, qui peut également se traduire par confiance. On voit alors l'ineptie qui consisterait à dire « j'ai la confiance ». Il s'agit d'avoir confiance, autrement dit de « faire confiance ». La foi n'est pas un objet que l'on pourrait posséder, ou perdre... Il s'agit d'une dynamique, qui permet de vaincre la peur.

« Ayez confiance, c'est moi. – Soyez sans crainte[2] ! » Tel est le message de Jésus adressé à ses apôtres, lorsqu'ils

[2] Mt 14, 27.

sont soumis à rude épreuve et traversés par le doute. Nous nous souvenons de cet épisode. Jésus les rejoint dans leur barque secouée par l'agitation des flots.

Comme j'aime à le dire souvent aux adolescents que je rencontre, le contraire de la foi, ce n'est peut-être pas l'athéisme, c'est la peur. Soit on a confiance en soi, en les autres, en Dieu... soit on a peur de soi, des autres, de Dieu !

La confiance, un moteur à trois temps

Mais l'on ne peut faire confiance à l'autre que si l'on a suffisamment confiance en soi. Sinon, on court le risque de la manipulation. Ces trente années d'expérience d'accompagnement éducatif d'adolescents m'ont fait découvrir que les jeunes qui ont le plus de mal à faire confiance à l'autre sont toujours ceux qui n'ont guère confiance en eux-mêmes.

Mais comment gagner la confiance en soi, si ce n'est en sentant le regard de confiance de l'autre à son égard. Voilà pourquoi j'aime dire que la confiance en éducation, c'est un moteur à trois temps. D'abord faire confiance à l'enfant, de manière à ce qu'il prenne confiance en lui, et puisse à son tour faire confiance sans se mettre en danger.

Il en va de même de la foi en Dieu. Le premier qui croit, c'est Dieu. Et c'est cette foi indéfectible de Dieu en l'homme qui permet à ce dernier de prendre confiance en lui, et à son tour de faire confiance à Dieu. Combien de fois, dans l'Évangile, Jésus dit : « Va, ta foi t'a sauvé ! », autrement dit « Ta confiance t'a sauvé ! »

Et, contrairement à ce que l'on croit parfois, prier Dieu, n'est-ce pas d'abord écouter Dieu prier l'homme : « J'ai besoin de toi pour construire mon Royaume ! »

La foi en Dieu, la foi en l'homme

Nous croyons en un Dieu qui croit en l'homme. Transmettre la foi, c'est d'abord transmettre la foi que Dieu porte à l'homme. Pourquoi celui-ci n'aurait-il alors pas confiance en lui, puisque Dieu lui-même croit en lui ?

De même que saint Augustin ne cesse de rappeler : « Il n'y a pas deux amours, l'amour de Dieu et l'amour de l'homme, mais il s'agit d'un seul et même amour », de même il n'y a pas deux fois, la foi en Dieu et la foi en l'homme : il s'agit d'une même et unique foi.

Et de même que saint Jean nous dit : « Si quelqu'un dit "J'aime Dieu", et qu'il déteste son frère, c'est un menteur[3] », de même j'aime dire : « Celui qui dit qu'il croit en Dieu et qui ne croit pas en l'homme est un imbécile », il n'a rien compris au message ! Car, comment ne pas croire en l'homme, puisque Dieu croit en lui !

Lorsque nous récitons le Credo, nous ne disons pas « Je crois à Dieu » ou « Je crois que Dieu », nous disons « Je crois en Dieu », exprimant par là même que Dieu est présent dans le seul fait de professer notre foi en lui.

[3] 1 Jn 4, 20.

Quel mode de transmission ?

Comment transmettre cette confiance ? Il ne peut s'agir d'un objet, mais d'une dynamique. La confiance, c'est comme une graine appelée à grandir.

Voilà pourquoi le mode de transmission préconisé par l'Évangile, c'est celui de la germination. Les paraboles sur la transmission font allusion aux semailles. Et il y a toujours un risque dans ce geste.

Oser la confiance passe inévitablement par la prise de risque : c'est celui de la plantation.

Certains voudraient transmettre la graine, dans un écrin doré, qu'on astiquerait de génération en génération ! Mais il risquerait bien alors au fil des années de ne rester que pourriture. La graine est faite pour être plantée. Et on ne peut jamais être sûr qu'elle germe. Constat douloureux que font bien des parents et des grands-parents !

Chapitre II

Être semeur

Il s'agit donc de semer. Et même si le résultat ne vous paraît pas être au rendez-vous, vous ne pourrez vous reprocher de ne pas avoir semé.

La plus belle parabole qui existe sur la transmission, c'est celle du semeur (Mc 4, 4-9).

Le semeur est sorti pour semer

« Voici que le semeur est sorti pour semer. Or, comme il semait, du grain est tombé au bord du chemin, et les oiseaux sont venus et ont tout mangé.

Il en est aussi tombé dans un endroit pierreux, où il n'y avait pas beaucoup de terre : il a aussitôt levé, parce que la terre était peu profonde ; quand le soleil fut monté, il a été brûlé, et faute de racines, il a séché.

Il en est aussi tombé dans les épines : les épines ont monté, elles l'ont étouffé, et il n'a pas donné de fruit.

D'autres grains sont tombés dans la bonne terre et, montant et se développant, ils donnaient du fruit, et ils ont rapporté trente pour un, soixante pour un, cent pour un.

Et Jésus disait : “Qui a des oreilles pour entendre, qu’il entende !” »

Une efficacité douteuse

Seule une partie de la semence est tombée dans la bonne terre, et a à son tour produit du fruit. Et puisque Jésus nous dit un peu plus loin (verset 11) que la semence, c’est la Parole de Dieu, nous comprenons alors que la Parole de Dieu a beau être transmise, elle n’est pas forcément accueillie. L’expérience qui est nôtre aujourd’hui est en quelque sorte prévue dans l’Écriture !

Une bonne partie de la semence semble perdue, mais ceci ne décourage pas le semeur qui continue de semer à tous vents.

Et les situations décrites dans cette parabole restent d’une criante actualité. On peut y lire une typologie des adolescents que nous rencontrons aujourd’hui.

Une parole en mal d’enracinement

Il y a tout d’abord la semence qui tombe au bord du chemin et est mangée par les oiseaux. Je songe à tous ces adolescents qui accueilleraient bien la Parole, mais c’est sans compter les amis qui viennent ironiser. Accordant une telle importance au regard que portent leurs camarades sur eux, ils veulent se tenir à distance du message, de peur de passer pour des « crétins ». On sait qu'étymologiquement ce mot est un diminutif péjoratif du mot chrétien. Cela ne date pas d'hier que l'on se moque des disciples du Christ.

Et puis il y a la semence qui tombe sur le roc. Elle commence à pousser, mais se dessèche très vite faute de pouvoir s'enraciner. Je songe à tous ces adolescents, capables de vibrer lors de grands rassemblements et de grands pèlerinages qu'ils affectionnent particulièrement. Mais une fois l'événement passé, les voilà pris par la routine quotidienne, où ils ne font guère de place au silence. Je connais tant de jeunes qui, entre le moment où leur réveil sonne et celui où ils éteignent leur MP3 avant de s'endormir (et certains d'ailleurs ne le font même pas) ne disposent d'aucune minute de silence dans leur journée. Même les classes sont devenues bruyantes ! Dans un tel contexte, marqué par la constance du bruit, il est difficile d'enraciner le message !

Il y a enfin la semence qui tombe au milieu des ronces, et elle est étouffée par les épines. Je songe à tous ces adolescents sujets à d'importantes préoccupations. Celles-ci peuvent concerner le milieu familial, la rupture du couple parental laissant toujours de grandes traces, ou bien l'« entre-pairs », les tensions entre jeunes étant parfois vives et douloureusement ressenties, ou bien, un événement dramatique qui les a bouleversés. Submergés par de telles préoccupations, ils n'offrent guère d'espace pour méditer la Parole.

Pour que celle-ci puisse s'enraciner, il faut de la bonne terre. Et celle-ci est loin d'être présente partout. « Entende qui a des oreilles pour entendre ! »

Un semeur toujours en action

Mais ce qui est extraordinaire, dans ce texte évangélique, c'est que le semeur lance partout la même semence.

Il ne réalise pas une étude de marché, afin de ne pas gaspiller de la bonne semence dans des terres incultes. Je songe à ces prêtres ou à ces animateurs en pastorale qui sont tentés de limiter leurs actions à la petite minorité de jeunes prêts à s'y intéresser.

Non, Jésus nous demande de nous adresser à tous, même s'il sait que le terrain n'est pas toujours favorable. « Car ici se vérifie le dicton : autre est le semeur, autre est le moissonneur[4]. »

[4] 1 Jn 4, 37.

Chapitre III

Difficile adolescence

Et s'il est une période difficile pour la germination, c'est bien celle de l'adolescence.

Il s'agit d'une période très singulière, où le jeune est physiologiquement adulte, capable de procréer, et socialement dépendant. C'est par définition une période de mal-être.

Un passage qui s'allonge

Dans les sociétés primitives, l'adolescence durait une semaine, le temps des rites d'initiation, et le jeune passait, dans le village, du statut d'enfant au statut d'adulte.

Dans nos sociétés développées, cette période s'allonge considérablement.

En cinq décennies, l'âge d'entrée en adolescence s'est avancé de 18 mois : dans les années 1950, la puberté, premier signe du passage, survenait généralement vers 13 ans pour la jeune fille, 14 pour le garçon. Aujourd'hui, il n'est pas rare de voir des jeunes filles de 11 ans et des jeunes garçons de 12 ans déjà pubères.

À mon époque, la classe la plus difficile au collège était la 4e, qui correspondait à l'âge moyen d'entrée en puberté. Aujourd'hui, une classe de 6e compte moitié d'adolescents et moitié d'enfants ! Celle-ci n'a plus rien à voir avec une 6e d'il y a 30 ans ! On commence même à voir des adolescents présents à l'école primaire...

Je compte quelques adolescents dans les groupes de « caté » de ma paroisse, ce qui désarçonne un peu les dames catéchistes. Certains d'entre eux remettent tout en cause, envoient tout le monde promener et déclarent que tout ce qu'on leur raconte, c'est des bêtises... On assiste donc à un rajeunissement de l'âge d'entrée dans l'adolescence.

L'âge de sortie, c'est l'âge où l'on devient adulte : on pourrait le définir comme celui où l'on ne vit plus chez papa et maman et où l'on commence à être autonome sur le plan financier. Dans les années 1960, dans les milieux populaires, cette entrée dans l'âge adulte survenait, pour les garçons, après le service militaire, sorte de rite d'initiation.

Aujourd'hui, avec le difficile accès au premier emploi, au premier logement, cette entrée survient vers 24, 25, 26 ans, voire parfois même encore plus tard.

Nos grands-mères parlaient de l'adolescence comme de l'âge « bête » : si à 17 ans, un jeune commettait un écart, on disait « il est en plein âge bête », mais la perspective de sortie n'était guère éloignée...

Quand j'observe aujourd'hui tous ces grands jeunes des quartiers, en plein âge « bête », allumer des feux de poubelles, et qu'on ne voit point de perspective de sortie, cela angoisse un peu plus la société !

Ayons bien conscience que la montée de la délinquance chez les jeunes, dont on nous rabâche les oreilles aujourd'hui, a pour première raison l'allongement de l'adolescence. Cette période de passage est à la fois une période de merveilleuses découvertes pour le jeune sur les nouvelles possibilités de son corps, de sa sexualité, de sa réflexion, mais c'est aussi une période difficile où il doit apprendre à quitter l'enfance, à en faire le deuil.

Une période de deuil

Et je ne connais pas de période plus fragile dans la vie humaine que celle qui consiste à mener un travail de deuil. Celles et ceux d'entre nous qui, un jour, ont été confrontés à la perte d'un être cher savent combien toute période de deuil est difficile, douloureuse, et réveille toutes les fragilités. Or, tous nos adolescents sont en quelque sorte engoncés dans un travail de deuil.

Trente années d'accompagnement quotidien d'adolescents en difficulté m'ont fait découvrir qu'il était toujours possible d'établir une corrélation entre les conduites symptomatiques des adolescents (dans le registre de la délinquance, de la toxicomanie, des conduites à risque ou suicidaires) et leurs difficultés à mener un tel travail de deuil.

Arrêtons-nous quelques instants sur ces travaux de deuil que tout jeune doit effectuer lorsqu'il lui faut quitter la rive de l'enfance pour, peu à peu, prendre pied sur le rivage de l'âge adulte.

Le deuil d'une image idéalisée de l'adulte

Le premier travail de deuil consiste en celui d'une image un peu idéalisée de l'adulte.

Interrogez un enfant de 7 ans sur la plus belle des femmes, il vous répondra : « C'est ma maman ! » Sur le plus débrouillard des hommes, il vous dira : « C'est mon papa ! »

Vous l'interrogez à 14 ans, il commence à dire : « Écoute maman, t'es jolie, mais la grande sœur de mon copain éveille en moi des choses que tu ne peux pas comprendre » et « Écoute papa, tu nous as bassiné tous les dimanches midi depuis que je suis tout petit avec tes exploits au tennis ; je t'ai vu jouer, tu cours bien après la balle, mais de là à te prendre pour un champion, excuse-moi... ! » Cet homme et cette femme, que l'enfant avait placés sur un piédestal de héros pendant l'enfance, voici qu'il les découvre avec leurs failles, leurs limites, leurs fragilités d'adulte.

Et plus l'écart est grand entre la famille rêvée et la famille telle qu'elle se révèle dans la réalité, plus ce travail de deuil peut être douloureux.

J'ai en mémoire ces enfants qui ont dû faire face, parfois de manière brutale, à la séparation, la rupture, l'abandon. Notre société aujourd'hui a beaucoup banalisé le divorce. Je me réjouis de la parution de cette enquête récente qui montre combien le traumatisme causé par de telles ruptures reste grand chez les enfants.

La volonté de banaliser le divorce répond, à mes yeux, beaucoup plus au souhait des adultes de se déculpabiliser qu'à une véritable prise en compte des conséquences de la rupture dans la vie des enfants.

La caractéristique commune de tous ces adolescents que j'accueille au Foyer « Laurenfance[5] », géré par l'Association Le Valdocco, c'est qu'aucun d'entre eux, le dimanche, ne peut passer un temps avec son père et sa mère réunis ensemble. Tous sont le fruit d'histoires familiales complètement explosées.

Il est vrai que le deuil de la famille rêvée est sans doute plus douloureux à effectuer chez l'enfant qui assiste à l'éclatement de sa famille dans laquelle il se sentait si bien, que chez celui qui est simplement un peu déçu parce que son papa est un peu moins champion qu'il ne le pensait plus jeune.

Mais nous devons rendre ce travail de deuil porteur d'espérance, car s'il est difficile et douloureux, il va aussi

[5] Il s'agit d'un foyer d'action éducative pour adolescents en difficulté, conventionné avec l'Aide Sociale à l'Enfance du Rhône et habilité par le Ministère de la Justice.

permettre à l'enfant de prendre conscience des limites de l'adulte. Il y a quelque chose de rassurant pour l'enfant à découvrir les fragilités de l'adulte. Les adultes qui passent leur temps à vouloir masquer leurs fragilités face à leurs enfants, pour continuer à se la jouer un peu comme des héros, ne permettent guère aux enfants d'accepter leurs propres limites et de se sentir néanmoins appelés à la vie d'adulte !

Si tous les adultes qu'ils rencontrent se veulent des gens parfaits, peut-être pourront-ils alors penser qu'ils n'arriveront jamais à parvenir à l'âge adulte.

Le fait de croiser la route d'adultes qui acceptent de témoigner de leurs fragilités, de leurs limites, sans toujours chercher à se justifier, permet aux enfants d'accepter leurs propres failles, leurs limites, sans désespérer du jour où ils deviendront eux-mêmes adultes.

Le deuil d'une image idéalisée de soi-même

Le deuxième travail de deuil consiste en celui de l'image idéalisée de soi-même. Le petit enfant n'accorde pas trop d'importance au regard porté sur lui ; dans le comportement de l'adolescent par contre, on observe l'importance du regard que les autres, surtout ses pairs, portent sur lui.

Si l'adolescence est une période fragile, c'est que durant celle-ci, le jeune commence à prendre conscience de l'écart entre l'image qu'il aimerait donner de lui-même aux autres et l'image que les autres lui renvoient !

Ces deux images, nous le savons, dans notre vie sociale, ne coïncident jamais tout à fait. Sont courus alors deux grands risques à l'adolescence. Le premier est celui du repli sur soi. Tellement mal à l'aise sous le regard des autres, l'adolescent peut avoir tendance à adopter une conduite d'isolement, de solitude, ou bien une conduite bizarre sur le plan alimentaire, liée à une question d'image de soi ; une conduite de repli dans un petit noyau de copains, de copines ; ou encore un repli dans le monde du virtuel : si les adolescents sont fascinés par cet univers, c'est que l'écran ne leur renvoie aucune image d'eux. Ils se construisent et mettent en scène un personnage de héros et tout se passe comme ils le désirent...

Malheureusement, dans le monde réel, tout ne se passe pas toujours comme on le désire. Ce peut être encore l'attrait du cannabis ; car, s'il a fumé trois joints avec un autre qui en a fumé autant, alors, il recrée les conditions d'une grande chaleur communicationnelle, « on se comprend bien, le monde est à nous !... ». L'adolescent, qui devient dépendant du cannabis, est souvent un jeune en difficulté pour établir des relations authentiques avec son entourage.

Le deuxième risque, c'est le risque inverse. L'adolescent accorde tant d'importance au fait d'exister sous le regard des autres qu'il est capable de sacrifier des pans entiers de sa personnalité pour sauvegarder ses alliances.

Nous connaissons tous cette difficulté, quand nous travaillons avec des adolescents : dans le contexte d'un entretien individuel, nous pouvons voir l'adolescent adhérer facilement au projet qu'on établit avec lui. Mais dix minutes plus tard, au milieu de son groupe de copains, il peut effectuer l'inverse de ce qu'on avait décidé ensemble. Car, avec ses copains, et sans que cela puisse être interprété comme une trahison à notre égard, un autre enjeu intervient pour lui, celui d'exister auprès d'eux, et il le fait passer avant celui d'exister sous le regard de l'adulte.

Le passage du rêve au projet

Le troisième travail de deuil à réaliser est celui de certains rêves de l'enfance ! L'adolescent doit apprendre à passer du rêve au projet.

À 8 ans, un enfant voudrait par exemple devenir plus tard star de cinéma, joueur de foot, ambassadeur, pilote, etc... À 14 ans, il commence à revoir ses ambitions à la baisse, en fonction du niveau d'études, ou bien d'argent ou des relations nécessaires pour l'exercice de tel ou tel métier. Il devra alors apprendre à négocier ses rêves avec les contraintes de la réalité : c'est un travail douloureux (faire le deuil de certains rêves), mais aussi prometteur, car le bonheur se construit dans la mise en œuvre du projet et non dans l'illusion.

Le principal rôle de l'éducateur, qu'il soit parent, enseignant ou bien animateur, c'est d'accompagner l'enfant, l'adolescent qui grandit dans ce passage du rêve au projet. Il ne s'agit pas de briser les rêves : trop d'adolescents ne rencontrent que des adultes briseurs de rêve !

Notre jeunesse est ainsi devenue une des plus pessimistes au monde ! Il s'agit d'accompagner le jeune pour qu'il puisse aller à la racine de son rêve et voir ce qui peut être négociable avec les contraintes de la réalité. Une illustration sera plus éclairante qu'un long discours.

Imaginons un jeune qui rêvait toujours d'être médecin. Or voici que son bulletin scolaire de fin de trimestre révèle : maths : 2, physique : 3. Au vu de ces notes et de la difficulté des études de médecine dans notre pays, ce rêve paraît alors impossible à réaliser. Mais, accompagner un adolescent dans ce passage du rêve au projet, ce n'est pas briser le rêve, c'est questionner la racine du rêve.

« Tu veux être médecin, pourquoi ? » Si c'est pour nouer une relation avec le corps de l'autre, d'autres métiers le permettent : entraîneur sportif, paramédical, etc. Si c'est pour nouer une relation d'aide avec une personne qui souffre, d'autres métiers le permettent : éducateur spécialisé, assistant de service social, etc.

Il y a toujours moyen de réaliser une part de son rêve, jamais la totalité. Notre rôle principal d'éducateur, c'est d'effectuer cet accompagnement.

Ce qui est paradoxal dans notre société, c'est que plus l'enfant est en difficulté, plus la société lui demande d'effectuer tôt ce travail de deuil. Moi, j'ai fait l'École Polytechnique, j'ai même pu choisir à l'issue de devenir éducateur spécialisé... ! Alors que je rencontre des adolescents en 5e, à qui on demande déjà d'effectuer cette difficile négociation.

Existent alors trois risques : *la fuite dans le rêve*, quand la réalité paraît trop décevante par rapport à ce dont le jeune a rêvé ! Je songe à tous ces lycées professionnels où des jeunes sont affectés parce qu'il y a une place et non parce qu'ils ont été accompagnés dans un vrai travail d'orientation ! Alors ces jeunes taguent sur les murs : « Sans shit, la vie est triste ! » Il faut s'échapper...

Ensuite, il y a *le risque de la violence* : « J'en veux à cette société qui permet à certains de réaliser leurs rêves et pas à d'autres, et je m'en prends violemment à elle. »

Le troisième risque consisterait à *chausser le projet d'un autre.* « Je ne peux être médecin, alors qu'est-ce que tu me conseilles ? » Rappelons que nous ne sommes pas là pour que le jeune réalise les projections que nous faisons sur lui, mais pour l'accompagner à la naissance de son propre projet.

Le deuil de l'image d'un Dieu tout-puissant

Enfin, pour les croyants, il existe un quatrième travail de deuil à réaliser, celui d'une représentation enfantine de Dieu ! Je crois là encore que pour un croyant, cette période de passage est difficile.

Rappelons-nous que la première relation du tout petit enfant avec le monde est une relation de toute-puissance. « Je hurle et l'ensemble de la maison se met en mouvement et me sert à boire... » Tout petit, vous avez l'impression de commander le monde.

Le rôle de parent, après avoir rassuré l'enfant sur la capacité du monde à satisfaire ses besoins vitaux, consiste à lui montrer que le monde n'est pas organisé autour de la satisfaction de tous ses désirs. Le parent doit montrer à l'enfant qu'il va devoir prendre place dans la société des hommes et des femmes, régie par les règles et la Loi. Et c'est douloureux lorsqu'on est enfant !

Vers trois ans, l'enfant s'essaye à la toute-puissance du « non », mais il dit « non » et fait « oui » car sa position est intenable. Le risque alors, lorsqu'on lui parle de Dieu, c'est qu'il s'en construise une image en négatif de toutes ces limites qui le font tant souffrir !

« Je suis petit, Dieu est grand », « je suis faible, Dieu est fort », « je suis mortel, Dieu est immortel », etc. Ensuite, il appelle Dieu à son secours lorsqu'il est en difficulté : « Allo, Dieu, tu m'entends ? »

En passant à la vie d'adulte, le jeune découvre que ce style de relation à Dieu ne fonctionne pas. La question qui se pose alors à lui est de savoir s'il abandonne toute recherche religieuse ou s'il poursuit le questionnement.

Car le Dieu de Jésus Christ, celui auquel je crois, n'a pas grand-chose à voir avec ce Dieu de la toute-puissance perdue ! C'est un Dieu fragile qui se présente à l'homme sous les traits du Bébé de la crèche ou du Crucifié du Calvaire ! Bonjour la toute-puissance...

Ce Dieu de Jésus Christ qui n'est pas là pour permettre à l'homme de se restaurer dans une position de toute-puissance, mais pour accompagner l'homme sur ce chemin parfois difficile et douloureux d'acceptation de sa non toute-puissance.

L'adolescence, un âge difficile pour la foi

On le voit, l'adolescence est un âge difficile pour la foi.

C'est un âge difficile dans la relation avec l'adulte. Car, comme le souligne si magistralement Philippe Jeammet, cette relation est éminemment paradoxale. L'adolescent a, à la fois, besoin de l'adulte, car il se sait encore dépendant, mais il le vit aussi comme un obstacle à son désir d'autonomie. Aussi cherche-t-il souvent à s'opposer pour affiner sa propre identité. Et le terrain de la foi peut être un formidable terrain d'opposition, car l'adulte, contrairement à d'autres domaines où il peut aligner les preuves de son positionnement, n'est, en ce domaine, sûr de rien. Et l'adolescent peut trouver alors un terrain propice pour développer son esprit de contradiction.

C'est un âge où le regard des copains a une importance primordiale. Et on ne peut pas dire aujourd'hui, dans notre pays, que s'afficher comme catholique pratiquant apporte la considération des copains ! Cet affichage provoquera plutôt ironie et railleries. C'est assez étrange ce qui se passe dans notre France d'aujourd'hui. Comme j'aime le dire aux collégiens que je rencontre, quand on est d'origine maghrébine et que l'on a 15 ans, on se sent obligé de dire que l'on pratique l'islam si l'on ne veut pas être rejeté par les copains. Mais si l'on est d'origine métropolitaine, on se sent obligé de taire que l'on va à la messe si on ne veut pas se faire moquer de soi ! Combien il me paraît important, pour la génération future, de construire une République laïque, qui soit respectueuse des croyances et des pratiques cultuelles de chacun.

Aujourd'hui, dans certains collèges et lycées de notre pays, s'afficher comme chrétien relève de l'héroïsme !

Regard évangélique sur l'adolescence

À deux reprises seulement, dans les Évangiles, Jésus évoque dans son discours des figures d'adolescents[6].

La première scène est bien connue ; c'est celle de l'enfant prodigue (Lc 15, 11-32). Ayant tellement pris l'habitude d'utiliser cette parabole pour la catéchèse du sacrement de réconciliation, on risque d'en oblitérer le message pédagogique : « Un homme avait deux fils. Le plus jeune dit à son père : "Père, donne-moi la part de fortune qui me revient." Et le père leur partagea son bien. » (Lc 15, 11-12)

Le père ne s'offusque pas du désir d'indépendance du cadet. Grandir, c'est sortir du cercle familial. Aussi lui laisse-t-il la possibilité d'effectuer cette expérience d'autonomie, mais il saura être présent, une fois l'échec advenu,

[6] Voir du même auteur : *Dire Dieu aux jeunes*, Salvator, 1996, p. 71 à 74.

pour accueillir à nouveau son fils. Loin de lui faire une leçon de morale, il l'invite à la fête. Et c'est lui le héros de l'histoire, et non l'aîné soumis.

La deuxième scène, un peu moins connue, reprend la même thématique. C'est la parabole des deux fils (Mt 21, 28-31) : « Un homme avait deux enfants. S'adressant au premier, il dit : "Mon enfant, va-t'en aujourd'hui travailler à la vigne." "Je ne veux pas", répondit-il ; ensuite, pris de remords, il y alla. S'adressant au second, il dit la même chose ; l'autre répondit : "Entendu, Seigneur" et il n'y alla point. Lequel des deux a fait la volonté du père ? "Le premier", disent-ils. Jésus leur dit : "En vérité, je vous le dis, les publicains et les prostituées arrivent avant vous dans le Royaume de Dieu." »

Là encore, entre l'adolescent un peu caractériel, volontiers porté sur des attitudes de refus extériorisé, et l'adolescent soumis, qui fait ses coups en douce, le choix est clair.

Ainsi, non seulement l'adolescent qui apparaît comme difficile est réhabilité, sans qu'aucune sorte de violence ne soit exercée à son encontre, mais le discours évangélique nous montre qu'il est aussi, d'une certaine manière, reconnu comme plus digne d'intérêt que celui qui a obéi servilement.

N'oublions jamais en effet ce que Samuel disait à Jessé : Dieu ne regarde pas selon les apparences, il regarde le cœur, et le Nouveau Testament nous présente Jésus aimant la compagnie des enfants[7].

Et la caractéristique de l'enfant, c'est de vouloir grandir. Même si à l'adolescence cette volonté s'accompagne de maladresses, Jésus se montre toujours sensible à ce désir de croître.

7 Cf. Mt 19, 13-25 ; Mc 10, 13-16 ; Lc 18, 15-17.

Chapitre IV
La foi et la croissance

« Évangéliser en éduquant et éduquer en évangélisant », aiment répéter les salésiens de Don Bosco, fidèles à la tradition de leur fondateur.

Car, ne l'oublions pas, le rôle du pasteur, tel qu'il est défini par Jésus (cf. Jn 10), c'est celui qui appelle les brebis par leur nom et les mène dehors.

Étymologiquement, *ex-ducere*, conduire « hors de » a donné le verbe « éduquer ». Éduquer, c'est accompagner l'enfant qui grandit sur cet itinéraire qui le mène de l'âge de l'enfance, marqué par la dépendance (la bergerie, où les brebis se tiennent chaud les unes contre les autres, représente l'état d'enfance) à l'âge adulte, caractérisé par l'accès à l'autonomie.

La figure du Bon Pasteur est celle de l'éducateur, qui accompagne l'enfant sur son chemin de croissance. Itinéraire qui, malheureusement, n'est pas toujours linéaire (ce serait si simple !), mais peut être constitué d'avancées, de reculades que l'on nomme régressions, de virages que l'on nomme déviances. L'important, pour Don Bosco, c'est que l'éducateur soit continuellement présent aux côtés de l'enfant qui grandit. Tel est d'ailleurs le rôle que Dieu joue dans la Genèse. Rappelons-nous l'histoire d'Ismaël, fils d'Abraham et de sa servante Agar, chassé sur ordre de Sarah. Dieu est aux côtés de l'enfant qui grandit[8].

Croire et croître

J'aime la langue française qui donne au mot « je crois » deux acceptions :

– je crois, au sens de croire ;

– je crois, au sens de croître.

J'aime lire, dans ces deux sens, l'exclamation d'Élisabeth, quand Marie lui rend visite : « Heureuse celle qui a cru[9] », celle qui a cru à l'amour de Dieu, celle qui a grandi dans l'amour de Dieu.

Dieu nous invite à nous réjouir de la croissance de l'enfant. Alors, même si vous êtes déçus de voir vos enfants, vos petits-enfants, s'éloigner de la pratique religieuse, sachez toujours vous réjouir de les voir grandir !

La graine et l'arbre

La croissance de la graine est au cœur de la problématique évangélique. Continuons la lecture du quatrième chapitre de Marc (4, 30-32) :

---

[8] Gn 21, 20.

[9] Lc 1, 45.

« Il disait encore : “À quoi pouvons-nous comparer le règne de Dieu ? Par quelle parabole allons-nous le représenter ? Il est comme une graine de moutarde : quand on la sème en terre, elle est la plus petite de toutes les semences du monde. Mais quand on l’a semée, elle grandit et dépasse toutes les plantes potagères ; et elle étend de longues branches, si bien que les oiseaux du ciel peuvent faire leur nid à son ombre.” »

Comme je le dis souvent lors des conférences que je prononce sur les défis de l’éducation, je ne connais pas de plus formidable parabole sur cette thématique. Il s’agit toujours pour l’éducateur d’offrir le meilleur terrain afin que l’enfant puisse prendre racine dans l’héritage familial, social, culturel, religieux de manière à éclore à sa nouveauté de sujet.

Transmettre et accompagner

Transmettre la bonne nouvelle, c’est accompagner la nouveauté du sujet qui éclôt.

Rappelons-nous que lorsqu’un professeur enseigne la littérature, il n’a pas pour but que ses élèves copient les œuvres des grands auteurs. Non, il enseigne de manière à ce que ses élèves apprennent à écrire par eux-mêmes.

De même, lorsqu’un professeur enseigne les sciences économiques, il ne le fait pas pour que ses élèves reproduisent les mécanismes d’aujourd’hui (du moins, je l’espère pour nous tous !), mais pour que la nouvelle génération puisse s’appuyer sur l’expérience acquise afin d’inventer de nouvelles solutions pour faire face aux difficultés rencontrées.

Il en va de même pour la transmission de la foi. Certes, il s'agit de transmettre un héritage, mais de manière à ce que les jeunes réinventent leur manière de croire, adaptée à leur monde.

Il ne s'agit donc pas pour nous – contrairement à ce que j'observe parfois – de transmettre notre manière de croire, mais de les aider à élaborer ce qui sera leur propre manière de croire.

Je prends un exemple. Aucun chrétien que j'ai rencontré n'a la même représentation de la résurrection. Et ce qui m'interpelle dans la lecture des récits évangéliques de la résurrection, c'est que tous s'appuient sur des représentations différentes du Christ ressuscité : ici un jardinier (Jn 20, 15), là un pêcheur (Jn 21, 4), là encore un randonneur (Lc 24, 15), la caractéristique commune étant que personne n'est capable de le reconnaître d'emblée.

Transmettre la foi en la résurrection, ce n'est pas transmettre sa propre représentation de la résurrection, mais c'est éveiller l'enfant, l'adolescent à élaborer sa manière de concevoir un amour plus fort que la mort.

CHAPITRE V

Docteur, prophète et témoin

Que transmettre pour que l'adolescent grandisse dans la confiance, l'espérance et l'amour ? (Les anciens parleraient de foi, d'espérance et de charité.)

Il s'agit tout d'abord de transmettre des repères, permettant au jeune de construire sa vie. Telle est la fonction du docteur. Il s'agit aussi de transmettre la confiance en l'avenir, permettant à l'adolescent de se projeter sur demain. Telle est la fonction du prophète. Et il s'agit enfin de lui présenter des figures, qui pourront lui servir d'exemples. Telle est la fonction du témoin.

Comme il est dit dans l'Écriture (1 Co 12, 28), « ceux que Dieu a établis dans l'Église sont premièrement des apôtres, deuxièmement des prophètes, troisièmement les docteurs ». Ne trouve-t-on pas ici les trois fonctions du transmetteur, par ordre croissant d'importance : les docteurs qui enseignent, les prophètes qui encouragent et les apôtres qui témoignent ?

La fonction enseignante

Combien il me paraît essentiel aujourd'hui que la génération des aînés transmette aux plus jeunes les repères qui leur ont permis de se construire !

Certains ont cru, à tort, durant les années 1968 et suivantes, que la transmission était inutile, la jeune génération étant capable de tout réinventer par elle-même. Il y eut une époque où il semblait même qu'au catéchisme, il était inutile de transmettre l'histoire sainte ! Je connais des adultes pour qui les souvenirs de catéchisme se résument à des histoires de « petits cœurs » et de « petites fleurs » sur lesquels on inscrit le nom de Jésus ! Je les sens aujourd'hui en grande difficulté pour argumenter sur leur foi vis-à-vis de leurs contemporains. Toute une génération d'adultes souffre aujourd'hui de cette panne de transmission.

Les jeunes ont besoin d'être enseignés par l'expérience des anciens. Mais un tel enseignement ne doit avoir d'autre but que de les aider à réussir leur vie, à découvrir un chemin de bonheur.

« Je vous ai dit cela pour que ma joie soit en vous et que votre joie soit complète. » (Jn 15, 11) N'allons jamais chercher dans l'Écriture autre chose qu'un chemin de bonheur !

Annoncer l'Évangile, c'est toujours annoncer une bonne nouvelle. Aussi est-il important de prendre le temps de vérifier que le contenu du message que l'on souhaite transmettre aux jeunes constitue bien pour eux une bonne nouvelle. Si tel n'est pas le cas, mieux vaut prendre le temps de retravailler notre manière de l'annoncer.

Je connais tant d'adolescents pour qui l'enseignement religieux n'a jamais été présenté comme l'annonce d'une bonne nouvelle pour eux, ici et maintenant ! Ne nous étonnons pas alors qu'ils traînent des pieds dès qu'on leur parle de pastorale.

La crise de la transmission est peut-être d'abord à lire sous l'angle de l'inadaptation de la pédagogie du transmetteur. Dans l'Évangile, ne se trouve pas seulement le contenu d'un message, mais aussi une pédagogie de l'annonce. Et il n'est possible de transmettre la Bonne Nouvelle qu'avec une pédagogie conforme à l'Évangile, pédagogie fondée sur l'écoute des vrais besoins de la personne rencontrée. « Que voulez-vous que je fasse pour vous[10] ? »

Le besoin de spiritualité reste, je crois – en tout cas, telle est mon expérience liée à tant de rencontres –, ancré chez les jeunes d'aujourd'hui, qui ont de plus en plus de mal à accepter la superficialité du monde qu'on leur présente, et deviennent critiques face au *bling-bling*.

Encore faut-il que la spiritualité proposée soit pour eux source de bonheur et de joie ! Nous avons, sur ce thème, toujours à apprendre de ce grand Docteur de l'Église qu'est saint François de Sales, qui ne cessait de répéter : « Un saint triste est un triste saint. »

[10] Mt 20, 32.

La fonction prophétique

Si la fonction enseignante est importante, on ne peut cependant limiter la transmission de la foi à ce seul enseignement. Les jeunes ont certes besoin de rencontrer des docteurs, mais aussi des prophètes, capables de les enthousiasmer sur demain. Ceci est particulièrement important en France, où la morosité et le pessimisme de la jeunesse sont devenus particulièrement problématiques.

Ayons bien conscience que la raison principale du mal-être de la jeunesse dans notre pays réside pour une grande part dans le regard négatif que les adultes portent sur demain.

Nous vivons aujourd'hui une situation éminemment paradoxale. Notre génération est la première, dans l'histoire de notre pays, qui confie à la suivante un avenir sans risque d'invasion du territoire par un de nos voisins. Merci l'Europe ! Nos parents, nos grands-parents, nos arrière-grands-parents ont, quant à eux, connu des enfances ou des jeunesses marquées par la guerre, et pourtant ils savaient être porteurs d'espérance.

Je me souviens, j'avais neuf ans en 1962. Mes parents avaient connu les affres du débarquement en Normandie, et la ruine de leur belle ville de Rouen. Nous étions alors en plein blocus de Cuba, avec une réelle menace de guerre nucléaire entre les États-Unis d'Amérique et l'Union soviétique, dont l'issue aurait pu être fatale pour l'humanité et nous étions en plein processus de décolonisation de l'Algérie, avec une multiplication d'attentats sanglants. Dans ce contexte, je me rappelle, quant à moi, que le soir, en m'endormant, je feuilletais les dernières pages de mon *Encyclopédie des deux coqs d'or* et je rêvais de la voiture, du robot et de la fusée de l'an 2000. Autrement dit, malgré leur vécu empli d'angoisse, mes parents savaient enthousiasmer leurs enfants sur le thème de demain.

Aujourd'hui, tel n'est plus le cas. On ne sait plus qu'inquiéter les enfants sur l'avenir. Lorsque l'on interroge des 13/16 ans, les trois premières idées qu'ils associent à demain sont la peur de la pollution, du chômage et du terrorisme.

Nous commençons à prendre conscience des effets déplorables sur les jeunes de ce sempiternel discours d'adultes : « Hier, c'était bien, aujourd'hui, c'est difficile, demain, c'est la catastrophe ! » Il est évidemment beaucoup plus difficile de grandir dans une société qui a peur du lendemain que dans une société qui se projette positivement dans le futur.

Un tel climat engendre chez les jeunes de notre pays une crise de confiance en l'avenir, qui possède de grandes incidences sur leurs comportements dans le présent. Nous assistons chez eux à un développement des conduites de l'instant, de ce « tout, tout de suite » qui caractérise tant de discours et de comportements adolescents et qui est si générateur de violences.

Cette perte de confiance dans l'avenir est également synonyme d'une montée de la déprime. C'est la pathologie la plus fréquemment rencontrée chez les adolescents d'aujourd'hui. Nous savons combien le problème du suicide est devenu préoccupant dans notre pays qui compte parmi les cinq pays occidentaux où le taux est le plus élevé[11].

Le suicide est devenu la deuxième cause de mortalité chez les jeunes de 25-34 ans, juste après les accidents de la circulation. Chaque année, environ 800 jeunes âgés de 15 à 24 ans se suicident ! Ce qui représente plus de deux décès par jour ! Et de tels chiffres sont sans doute sous-estimés, car bon nombre d'accidents peuvent être des suicides masqués !

Les tentatives de suicide sont de 50 à 60 fois plus nombreuses. On peut les estimer à environ 50 000 par année. Si trois quarts d'entre elles concernent les filles, les suicides qui conduisent à la mort concernent quant à eux, pour trois quarts des garçons.

Le problème du suicide des jeunes devient crucial dans notre pays. D'autant que bon nombre d'adolescents, même s'ils ne passent pas à l'acte, sont habités par des idées suicidaires. Une enquête de l'INSERM, menée auprès d'une population scolaire de 15 à 19 ans, montrait que plus de 10% des adolescents interrogés étaient habités par des idées suicidaires. Et le problème du suicide des enfants commence à se poser en France.

---

[11] SERVICE OMS, *Annuaire des statistiques nationales*, 1997-1999. La Finlande et le Danemark sont en tête, puis la Belgique, la France et la Suisse présentent des taux similaires.

Combien, dans un tel climat, est-il important que les jeunes puissent rencontrer des prophètes qui continuent de leur faire parvenir aux oreilles le cri de Jésus : « N'ayez pas peur ! », à la manière d'un Jean-Paul II lors de son élection comme pape.

Oui, pourquoi avoir peur puisqu'« Il est avec nous jusqu'à la fin des temps ! » (Mt 28, 20)

J'aime, à ce propos, citer l'épisode de la tempête apaisée. « Or il advint, un jour, qu'il monta en barque ainsi que ses disciples, et il leur dit : "Passons sur l'autre rive du lac." Et ils gagnèrent le large. Tandis qu'ils naviguaient, il s'endormit. Et une bourrasque s'abattit sur le lac ; ils faisaient eau et se trouvaient en danger. S'étant donc approchés, ils le réveillèrent en disant : "Maître, maître, nous périssons !" Et lui, s'étant réveillé, menaça le vent et le tumulte des flots. Ils s'apaisèrent et le calme se fit. Puis il leur dit : "Où est votre foi ?" » (Lc 8, 22-25)

Je ne sais si vous êtes comme moi, mais je n'arrive pas à m'endormir sur le siège passager avant dans une voiture que lorsque j'ai confiance dans le conducteur. Il fait bon voir Jésus avoir tellement confiance en ses amis, qu'il s'endort dans la barque secouée par la tempête. Et il ne comprend pas que ceux-ci le réveillent. Puisque je suis avec vous, pourquoi avoir peur ? Où est votre foi ?

La fonction apostolique

Et peut-être encore plus que de docteurs et de prophètes, c'est de témoins dont ont besoin les jeunes tant ils paraissent aujourd'hui plus sensibles au témoignage qu'à l'enseignement.

Je me souviens d'un cardinal venu dans une voiture de luxe parler aux jeunes de la pauvreté évangélique. Qu'importe la pertinence de ses propos, ils ne pouvaient être recevables. « T'as vu sa voiture ! », se disaient les jeunes.

Oui, la caractéristique première du témoin réside dans sa cohérence entre le dire et le faire. Si l'abbé Pierre, Mère Térésa, Sœur Emmanuelle ont suscité une telle admiration de la part des jeunes, c'est à cause de cette cohérence. Les jeunes ont soif d'authenticité. Autrement dit, lorsque le témoin est signifiant d'une grande proximité avec les exclus, son message passe. Je suis de ceux qui pensent que ce n'est pas par une grande réforme de la catéchèse que les jeunes se rapprocheront de l'Église, mais plutôt par une plus grande proximité de cette dernière aux combats majeurs à livrer pour l'homme en ce début de siècle.

D'ailleurs, l'histoire de l'Église ne nous rappelle-t-elle pas à ce sujet que dans toutes les périodes tourmentées, correspondant à d'intenses phénomènes de mutation sociale, la foi fut toujours réveillée par la voix d'apôtres proches des exclus. Songeons par exemple à François d'Assise, Vincent de Paul et Jean Bosco...

Seul peut parler avec autorité celui dont le « faire » est conforme au « dire ».

L'autorité est une notion bien différente de celle de « pouvoir », avec laquelle on la confond parfois. Le pouvoir, on le reçoit de l'institution. L'autorité, on la reçoit de celles et ceux auprès de qui on l'exerce. Deux enseignants dans un collège ont même pouvoir, même délégation du chef d'établissement : ils n'ont pas la même autorité face au groupe « classe ».

Le pouvoir, on peut l'avoir, ou le prendre. L'autorité, elle, on ne peut l'avoir, on la reçoit. On fait ou on ne fait pas autorité. L'autorité, c'est une relation.

Et l'évolution la plus importante observée dans notre pays depuis ce qu'il convient d'appeler la crise des années 1968, c'est qu'une position de pouvoir ne confère plus de manière systématique une position d'autorité. Lorsque la confiance régnait vis-à-vis des institutions, lorsque celle-ci conférait du pouvoir à une personne, elle faisait autorité. L'autorité était en quelque sorte liée au statut. Et ceci était aussi vrai dans l'Église. Le statut de clerc faisait autorité.

Aujourd'hui, celle-ci va beaucoup plus s'appuyer sur la crédibilité de celui qui en est le porteur. Voilà pourquoi je pense qu'on assiste moins à une crise de l'autorité qu'à une crise de crédibilité des porteurs d'autorité. Pour que la relation d'autorité fonctionne, encore faut-il que le porteur soit crédible !

Si l'autorité ne peut se fonder que sur la crédibilité de celui qui l'exerce, la question qui se pose aujourd'hui à tous ceux qui prétendent vouloir transmettre la foi est bien celle de leur cohérence. Seule cette cohérence entre le dire et le faire peut asseoir leur crédibilité.

Le « fais ce que je dis, mais pas ce que je fais », ça ne fonctionne plus en matière de transmission. Ça eut marché, comme disait Fernand Raynaud, à une époque où les jeunes ne remettaient pas en cause les institutions, mais ça ne marche plus aujourd'hui.

J'utilise à dessein ce mot de cohérence, et non celui d'exemplarité. Car s'il fallait attendre que les adultes soient, en tous points, exemplaires pour entreprendre une mission évangélisatrice, les jeunes risqueraient d'attendre longtemps ! Je ne suis pas de ceux qui pensent que, pour faire respecter son autorité, il faille masquer toutes ses erreurs. Le jeune, lui, constate l'écart, et si je ne le reconnais pas, c'est ma crédibilité qui est entamée. Bien sûr, il ne faut peut-être pas se tromper tous les jours ! Mais si je commets un écart, il me faut être capable de dire : « Tu vois, moi aussi j'ai mes limites. Mais sache que ce que je dis inspire mon faire, même si celui-ci n'est pas toujours à la hauteur. »

J'aime citer Tim Guénard : « Ceux qui croyaient en Dieu m'avaient donné une crise de foi car ils disaient du mal les uns des autres[12]. » Parler de son expérience, pour le témoin, ne doit jamais signifier la remise en cause de l'expérience de l'autre.

Dans tous les grands rassemblements de jeunes auxquels j'ai pu participer, combien me suis-je rendu compte de l'impact de ceux qui étaient appelés à témoigner auprès des adolescents !

---

[12] Tim GUÉNARD, *Le pardon qui désenchaîne*, coll. Paroles de Vie, Éditions du Livre ouvert, 2011.

« Ce n'est pas en me disant “Seigneur, Seigneur” qu'on entrera dans le Royaume des Cieux, mais c'est en faisant la volonté de mon Père qui est dans les cieux. » (Mt 7, 21)

Mais combien il demeure important, lorsque l'on est appelé à témoigner, de se souvenir de ce proverbe chinois : « Lorsque le sage montre la lune, l'imbécile regarde le doigt ! » L'important pour le témoin ne doit jamais consister à se mettre en valeur (une trop grande médiatisation peut être dangereuse), mais à mettre en lumière la présence de Dieu.

CHAPITRE VI

Être sel et lumière

Que signifie faire la volonté de Dieu ? Le débat n'a jamais cessé dans le monde des théologiens. L'Évangile apporte une réponse explicite : il s'agit d'être sel et lumière.

Le sel de la terre et la lumière du monde

Dans le premier grand discours effectué sur la montagne, juste après avoir prononcé les Béatitudes, Jésus s'écrie : « Vous êtes le sel de la terre. Si le sel se dénature, comment redeviendra-t-il du sel ? Il n'est plus bon à rien : on le jette dehors et les gens le piétinent. Vous êtes la lumière du monde. Une ville située sur une montagne ne peut être cachée. Et l'on n'allume pas une lampe pour la mettre sous le boisseau ; on la met sur le lampadaire, et elle brille pour tous ceux qui sont dans la maison. » (Mt 5, 13-15)

Être sel et lumière

Voici donc que nous sommes appelés à être sel et lumière. L'injonction peut paraître paradoxale. En effet, il n'y a rien de plus enfoui que le sel, qui semble disparaître totalement dans l'aliment. Et il n'y a rien de plus exposé que la lumière, dont l'Évangile nous dit qu'il ne s'agit pas de la mettre sous le boisseau.

Alors comment peut-on être à la fois sel et lumière ? Je dois vous avouer que cette question m'a taraudé durant de longues années. Quelle est donc la caractéristique commune du sel et de la lumière ? En cherchant bien, je crois que nous pouvons dire que tous deux ont en commun de révéler les qualités de l'autre.

Le sel n'est pas là pour donner son propre goût à celui de l'aliment concerné. Non, il est là pour relever le goût de tous les ingrédients qui le composent.

Il en va de même pour la lumière. Dans une pièce obscure, tous les objets sont indistincts. Dans une pièce éclairée, tel objet absorbe tous les rayons de la lumière, sauf un, le rouge qu'il renvoie, et nous le voyons alors rouge, tandis que tel autre, lui, nous renvoie le bleu, et nous allons le voir bleu. Grâce à la lumière, chaque objet revêt une couleur distincte.

Être sel, être lumière, c'est être révélateur des qualités de l'autre. Telle est la mission principale du chrétien.

Il ne s'agit pas de se poser en modèle, il s'agit de mettre en valeur l'autre. J'oserais une comparaison de marin. Lorsque l'on installe un phare sur une côte, ce n'est pas pour que tous les bateaux se précipitent sur lui. Ils risqueraient alors de se fracasser sur les rochers.

Non, il s'agit de permettre au marin de prendre le phare comme repère afin qu'il puisse tracer sa propre route.

Une bonne nouvelle pour les jeunes

Être sel et lumière auprès des jeunes, c'est être un révélateur de leurs talents. Tous ont des talents, même si parfois ils n'en sont guère convaincus. Comme j'aime à le dire aux enseignants, un élève nul, cela n'existe pas. Peut-être existe-t-il des institutions nulles, incapables de déceler les talents des jeunes qui leur sont confiés.

Transmettre la bonne nouvelle de l'Évangile aux jeunes, ce n'est pas se poser comme modèle, c'est leur faire prendre conscience qu'ils sont bourrés de talents. Et ceci constitue un formidable message pour eux, qui ne peut qu'emplir de joie leur cœur.

Toutes les pédagogies qui se réfèrent à l'Évangile développent des pratiques qui valorisent l'enfant, en mettant en avant ses succès, en l'aidant à mémoriser ses réussites.

Telle est la caractéristique fondamentale de la pédagogie de Don Bosco à laquelle j'aime me référer[13]. On se souvient de sa première rencontre avec ce jeune orphelin de Turin, Barthélémy Garelli. Écoutons Don Bosco nous en faire le récit.

« Ce jour-là, je m'apprêtais à revêtir les ornements sacrés pour célébrer la sainte messe. Le sacristain, Joseph Comotti, aperçut, dans un coin, un jeune garçon et l'in-

[13] Voir du même auteur, *La pédagogie de Don Bosco en 12 mots clefs*, Paris, Éditions Don Bosco, 2012.

vita à venir me la servir. “Je ne sais pas”, répondit-il tout penaud.

– Arrive, reparti le sacristain, je veux que tu serves la messe.

– Je ne sais pas, répéta le gamin, je ne l’ai jamais servie.

– Idiot que tu es, continua le sacristain furieux, si tu ne sais pas servir la messe, pourquoi viens-tu à la sacristie ?

Ce disant, il saisit le manche d’un plumeau et les coups de pleuvoir sur les épaules et la tête du pauvre enfant qui n’eût que le temps de prendre les jambes à son cou. “Que faites-vous ?” criai-je bien haut. “Pourquoi battre ainsi cet enfant ? Qu’a-t-il fait ?”

– Pourquoi vient-il à la sacristie s’il ne sait pas servir la messe ?

– Mais vous avez mal agi.

– Que vous importe à vous ?

– Cela m’importe beaucoup, c’est mon ami. Rappelez-le sur-le-champ, je dois lui parler.

– Tête de mule, tête de mule ! gronda le sacristain qui courut après le garçon.

En l’assurant d’être mieux traité, il l’amena près de moi. Le pauvre jeune homme s’avança tout tremblant et pleurant encore des coups encaissés.

– As-tu déjà assisté à la messe ? lui dis-je le plus gentiment possible.

– Non, répondit-il.

– Viens donc y assister ; ensuite j'aimerais te parler de quelque chose qui te fera plaisir.

Il me le promit. Mon intention était d'adoucir la peine de ce pauvre enfant et de ne pas le laisser sur une mauvaise impression à l'égard du personnel de cette sacristie. Je célébrai donc la messe, puis l'action de grâce habituelle terminée, je menai le garçon dans une petite abside de l'église.

Avec le sourire, et en l'assurant de n'avoir plus à craindre de coups de bâton, je l'interrogeai : "Mon bon ami, comment t'appelles-tu ?"

– Je m'appelle Barthélémy Garelli.

– De quel pays es-tu ?

– D'Asti.

– Ton père est-il encore en vie ?

– Non, mon père est mort.

– Et ta mère ?

– Ma mère est morte aussi.

– Quel âge as-tu ?

– Seize ans.

– Sais-tu lire et écrire ?

– Je ne sais rien.

– Sais-tu chanter ?

– Non.

– Sais-tu siffler au moins ?

Alors le garçon se mit à rire. La glace était rompue[14]. »

C'est la valorisation des talents qui permet le dialogue évangélisateur.

Et voici alors que le dimanche suivant, Barthélémy revient avec cinq copains. Ils étaient cinquante le mois suivant, cinq cents l'année suivante.

C'est le modèle de la rencontre avec la Samaritaine qui a joué. Pour évangéliser la Samarie, (cf. Jean chapitre 4), Jésus commence par rencontrer en profondeur une femme de Samarie, qui s'approche du puits sur la margelle duquel il se repose. Et c'est cette femme qui, à l'issue de la rencontre, ira dire aux gens : « Venez voir un homme qui m'a dit tout ce que j'ai fait. Ne serait-il pas le Christ ? » Alors, ils sortent de la ville, se dirigent vers lui, et lui proposent de demeurer chez eux. Et l'évangéliste de conclure : « Jésus y demeura deux jours, et ils furent bien plus nombreux à croire à cause de sa parole, et ils dirent à la femme : "Ce n'est plus sur tes dires que nous croyons. Nous l'avons nous-mêmes entendu[15]." »

Pour Jean Bosco également, la rencontre en profondeur d'un garçon marginalisé s'est transformée en élément déclencheur de centaines d'autres rencontres.

---

[14] Don Bosco, *Souvenirs autobiographiques*, Éditions Médiaspaul, 1995, p. 114-115.

[15] Jn 4, 41.

Et voici ce jeune prêtre de Turin adopté par ces jeunes, au point que les autorités turinoises se mettent à s'inquiéter.

J'aime dire à tous les animateurs en pastorale de jeunes que je rencontre : on ne lance pas une pastorale de jeunes sur un territoire à coups d'affiches et de publicité autour d'un grand événement collectif. On la lance à partir de rencontres individuelles menées avec des jeunes en situation de mal-être. Et ce sont eux qui peuvent alors jouer une fonction d'appel auprès des camarades de leur âge.

Une bonne nouvelle pour les accompagnateurs

À tous ces parents, ces grands-parents qui se culpabilisent parfois de n'avoir pas réussi, selon eux, à transmettre la foi à leurs enfants, leurs petits enfants, j'aime dire : « Avez-vous participé à l'éclosion de leurs talents ? » Et ils deviennent souvent intarissables à ce sujet. Alors, leurs dis-je : « Ne vous sentez pas coupables d'avoir raté votre mission ! Vous avez été, et vous continuez d'être sel et lumière ! »

Et nul ne peut prédire aujourd'hui l'avenir des graines semées ! Combien je connais de jeunes qui, adolescents, s'étaient éloignés de l'Église, et qui, devenus parents, y reviennent plus tard, en accompagnant leurs propres enfants...

Chapitre VII

Apprendre à lire et à relire

Finalement, nous comprenons, à la lecture de ces propos, que ce qu'il faut transmettre, ce n'est pas la foi (qui en serait capable ?), mais c'est la Parole, et en particulier cette bonne nouvelle de l'Évangile qui se révèle être un véritable chemin de bonheur.

Et il ne s'agit pas seulement de transmettre la parole, mais de transmettre le goût de l'écouter, de la méditer, et de relire sa propre vie à la lumière de ce qu'elle apporte.

Et, pour ce faire, il faut apprendre à lire les textes, et ce n'est peut-être pas aussi simple qu'il n'y paraît de prime abord.

Du récit à l'interpellation

Lorsque l'on est enfant, et qu'on lit les Évangiles, on est attentif au récit : cette belle histoire de Jésus, qui fait des choses extraordinaires, guérissant les malades, réunissant les foules...

Mais lorsqu'on entre en adolescence, si on en reste à cette seule approche du récit, on risque alors de reléguer l'Évangile au chapitre des belles histoires, qui certes ont résonné durant l'enfance, mais qui ne parlent plus une fois devenu grand, tant la confrontation au réel paraît alors à mille lieues de ce genre de récit.

La pertinence des écritures réside, non pas dans la beauté de l'histoire racontée, mais dans la force de l'interpellation pour notre aujourd'hui.

Un exemple sera plus éclairant qu'un long discours. Écoutons le récit de la guérison du paralytique. Nous prendrons la version de Marc, qui situe l'événement au tout début de la vie publique de Jésus.

La guérison du paralytique (Mc 1, 1-12)

« Comme il était entré de nouveau à Capharnaüm, après quelque temps on apprit qu'il était à la maison. Et beaucoup se rassemblèrent, en sorte qu'il n'y avait plus de place, même devant la porte, et il leur annonçait la Parole.

On vient lui apporter un paralytique, soulevé par quatre hommes. Et comme ils ne pouvaient pas le lui présenter à cause de la foule, ils découvrent la terrasse au-dessus de l'endroit où il se trouvait et, ayant creusé un trou, ils font descendre le grabat où gisait le paralytique.

Jésus, voyant leur foi, dit au paralytique : "Mon enfant, tes péchés sont remis."

Or, il y avait là, dans l'assistance, quelques scribes qui pensaient dans leurs cœurs :

“Comment celui-là parle-t-il ainsi ? Il blasphème ! Qui peut remettre les péchés, sinon Dieu seul ?”

Et aussitôt, percevant par son esprit qu’ils pensaient ainsi en eux-mêmes, Jésus leur dit : “Pourquoi de telles pensées dans vos cœurs ? Quel est le plus facile, de dire au paralytique : Tes péchés sont remis, ou de dire : Lève-toi, prends ton grabat et marche ?

Eh bien ! pour que vous sachiez que le Fils de l’homme a le pouvoir de remettre les péchés sur la terre, je te l’ordonne, dit-il au paralytique, lève-toi, prends ton grabat et va-t’en chez toi.”

Il se leva et aussitôt, prenant son grabat, il sortit devant tout le monde, de sorte que tous étaient stupéfaits et glorifiaient Dieu en disant : “Jamais nous n’avons rien vu de pareil.” »

Se mettre à la place du paralytique

La lecture de ce récit est une invitation à se mettre à la place des personnages, et bien sûr, tout d’abord à celle du héros de l’histoire qu’est le paralytique.

Car cet homme, incapable de marcher, incapable d’avancer, qui a besoin des autres pour aller à la rencontre de Jésus, n’est-ce pas un peu moi-même, avec mes limites, mes faiblesses, mes blocages, qui m’empêchent de me mettre en route ?

Et cette parole du Christ, qui permet un nouveau départ, n’est-ce pas à moi qu’elle est adressée : « Lève-toi, prends ton grabat et marche ! »

« Lève-toi ! » Christ veut l'homme debout. Il s'agit de ne pas se laisser écraser par les évènements, par les échecs, par le regard des autres. Et combien ce message est important à l'âge de l'adolescence, où le jeune est si fragile en cette période de mue, pour reprendre une expression de Françoise Dolto (*Le complexe du homard*)... « Prends ton grabat ! » Ce conseil de Jésus peut paraître étrange. On pourrait imaginer qu'il dise au paralytique : « Désormais, tu n'en as plus besoin. Il appartient au passé... » Eh bien non ! Il dit : « Prends ton brancard », autrement dit, « Ne nie pas ton passé. Assume ton histoire. Regarde en face les failles qui sont tiennes. Saisis à bras le corps tes limites ! » Sage conseil, car celui qui veut ignorer son histoire est condamné à la répéter. Il ne doit jamais s'agir de renier le passé, mais de l'assumer.

« Et puis, marche ! » Vivre, c'est cheminer... Aller toujours de l'avant, en refusant de regarder par derrière, en ne cédant pas à la tentation du retour en arrière. Et là encore, quelle force du message pour l'adolescent, engagé dans ce gué qui le fait passer de la rive de l'enfance à la rive de l'âge adulte, et parfois tenté par la régression dans le monde enfantin.

Il ne s'agit alors plus de lire ce récit de guérison comme une vieille histoire, un peu extérieure à nous, mais comme une véritable interpellation pour notre aujourd'hui. Et il nous revient d'apprendre aux adolescents à sortir d'une lecture enfantine de l'Évangile, si nous voulons être capables de transmettre la force d'interpellation de ces récits.

Pour les LP

Imiter Jésus

Si nous sommes invités à nous mettre humblement à la place du paralytique, en reconnaissant nos failles et nos limites, nous sommes aussi encouragés à imiter Jésus dans le rapport aux autres.

Et ce qui est extraordinaire dans ce récit, c'est que Jésus ne réduit pas la personne à son handicap. Il s'adresse au paralytique comme il s'adresserait à une personne valide, découvrant que la raison profonde du mal-être provient de sa culpabilité : « Mon enfant, tes péchés te sont remis. »

Porter sur l'autre un regard évangélique, c'est ne jamais le définir à partir de son seul handicap. J'aimerais vous dire combien j'ai mal lorsque j'entends des gens et même parfois des enfants, parler de Jean-Philippe comme du handicapé. Certes, Jean-Philippe se déplacera toute sa vie en fauteuil roulant. Mais vous verriez la blondeur de ses cheveux, et l'acuité de son intelligence. Pourquoi personne ne me parle de Jean-Philippe comme de l'enfant blond, ou l'enfant intelligent ? Non, on préfère mettre le doigt sur sa différence qui le fait tant souffrir, comme si le terme d'« handicapé » pouvait suffire à décrire ce qu'il était.

J'aimerais vous dire combien j'ai mal lorsque j'entends des gens parler de Damien en termes qui sont devenus des insultes dans le langage des jeunes : débile, mongol. Certes, l'intelligence de Damien ne se développera pas au même rythme que celle de ses camarades. Mais vous entendriez la clarté de son rire, vous verriez cette façon bien à lui qu'il a de vous enserrer dans ses petits bras pour vous montrer sa tendresse. Pourquoi personne ne parle de Damien comme de l'enfant rieur, l'enfant au cœur tendre ? Non, là encore, on préfère pointer ce qui ne paraît pas « normal » chez lui.

Pour Jésus, c'est une fois la personne reconnue dans sa totalité qu'il aborde la question du handicap. « Lève-toi, prends ton grabat et marche ! »

Cette triple injonction résume le travail éducatif qu'avec les équipes du Valdocco je mène auprès d'adolescents en grande difficulté, confiés par les services sociaux ou les tribunaux pour enfants.

« Lève-toi ! » Refuser avec force tout processus de victimisation. Et combien il est important qu'adultes, nous ne sombrions pas dans ce type de discours.

Que n'a-t-on dit sur le thème : « Les jeunes sont violents, mais c'est à cause du type d'urbanisme, de la situation économique. » Si un tel discours est valide sur le plan sociologique (il n'est pas la peine de faire de grandes études pour se rendre compte qu'il existe, par exemple, plus de violence dans les quartiers sensibles que dans le centre-ville), il est désastreux sur le plan pédagogique. Car expliquer la violence en faisant uniquement référence à des facteurs extérieurs au jeune, c'est courir le risque de lui ôter alors toute part de responsabilité personnelle.

Je pense à cet adolescent de 14 ans qui venait de brûler deux voitures. Il m'expliquait qu'il le faisait parce que son père était au chômage et son grand frère en prison. Je lui rétorquais : « Arrête ton cirque ! Tu as la boîte d'allumettes dans une main, une allumette dans l'autre ; tu décides, toi, de frotter l'allumette et de la jeter dans l'essence répandue sur la banquette. Au moment où tu prends cette décision, que vient faire la situation de ton père ou de ton frère ? Cesse de me raconter des histoires ! D'autant que ton grand frère qui vit dans la même famille que toi, le même quartier que toi, je ne l'ai jamais vu commettre ce type d'acte. »

Le drame de notre époque, c'est que beaucoup d'adolescents se sont approprié ce type de discours, qui, le plus souvent, a été prononcé par des militants, dont je ne mets pas en doute la générosité. La conséquence, c'est qu'ils sont alors totalement déresponsabilisés, et plus rien ne fait limite au déploiement de leur violence. Apprenons aux jeunes à vivre debout !

« Prends ton brancard ! » Il est dangereux de vouloir oublier le passé. Car, exister, c'est avoir un passé, « un passé fait de quelques évènements marquants, de souvenirs, de méditations profondes et solitaires[16] », un passé fait de relations qui se sont nouées et dénouées, et dont les brisures laissent toujours des marques plus durables que les caresses...

Connaître son passé c'est la seule manière pour l'enfant de pouvoir façonner lui-même son avenir. Comme

[16] Janusz Korczak, *Le droit de l'enfant au respect*, paru en français aux éditions Robert Laffont, collection « Réponses », en collaboration avec l'UNESCO, Paris, 1987, p. 41.

le dit Goethe – et ce constat est aussi vrai pour l'individu que pour le peuple –, celui qui ignore son passé est condamné à le répéter.

Lutter contre la reproduction de l'inadaptation sociale, c'est d'abord aider chacun à s'approprier son histoire. Aider le jeune à assumer son histoire, aussi lourde soit-elle, c'est la seule manière de pouvoir l'aider à concentrer ses forces sur la construction de son avenir.

« Et marche. » Aider l'adolescent à se réapproprier son histoire ne signifie pas vouloir l'enfermer dans son passé... mais bien au contraire, l'aider à construire son propre chemin d'avenir. Combien de fois dis-je aux adolescents que j'accompagne : l'important n'est pas de ressasser le passé, cette histoire familiale dont ils auraient souhaité qu'elle se passe autrement, mais de se tourner vers l'avenir : la famille qu'ils sont appelés à construire.

On le voit, ce récit de la guérison du paralytique constitue aussi une merveilleuse leçon de pédagogie à l'égard des jeunes en difficulté.

La place des inconnus

Le récit met en scène Jésus et le paralytique, mais il parle également de quatre hommes qui jouent un rôle essentiel. Ce sont eux qui portent le brancard, et gênés par l'importance de la foule, ils font preuve d'un merveilleux sens de l'initiative : « Et comme ils ne pouvaient pas le lui présenter à cause de la foule, ils découvrirent la terrasse au-dessus de l'endroit où il se trouvait et, ayant creusé un trou, ils font descendre le grabat où gisait le paralytique. »

Et l'évangéliste nous rapporte que c'est l'émerveillement de Jésus face à leur foi (« voyant quelle est leur foi ») qui rend possible la guérison.

La place de ces quatre hommes, dont on ignore le nom – mais ceci constitue toujours une invitation pour le lecteur à se mettre à leur place –, est centrale dans l'histoire ici racontée par Marc. Et nous pourrions en faire une double lecture :

– Lorsque l'on est soi-même en difficulté, incapable d'avancer, n'hésitons pas à faire appel aux amis capables de nous aider à rencontrer Christ.

– Lorsque nous rencontrons un frère en difficulté, incapable d'avancer, soyons ces médiateurs permettant la rencontre avec Christ.

Lire et relire

On le voit, la lecture d'un récit évangélique peut constituer un formidable outil de relecture de notre vie... J'ai choisi l'exemple de ce récit de guérison, mais tous les autres récits peuvent aussi se transposer en grilles de relecture[17].

---

[17] La Samaritaine (Jean 4), cf. *À la rencontre des jeunes*, Éditions Salvator, 2007. Les disciples d'Emmaüs (Luc 24), cf. *Accompagner un jeune blessé,* Éditions des Béatitudes, 2006.

Lire la Parole de Dieu pour relire sa vie... Relire sa vie à la lumière de la Parole de Dieu... Tel est l'enjeu de la lecture. Et si bon nombre d'adolescents s'éloignent de la lecture de la Parole de Dieu, peut-être est-ce parce qu'ils n'ont pas trouvé cette résonance avec leur propre vie... parce qu'ils n'ont pas encore découvert ce passage entre lecture et relecture. C'est à nous qu'il revient d'être ces passeurs.

CHAPITRE VIII

Des paroles et des actes

Venons-en au chapitre de la pratique. Certes, bon nombre d'adolescents vous diront : « Peut-être que je crois encore en Dieu... mais, de toute façon, moi je ne pratique plus ! »

La foi et la pratique

J'aime leur répondre : « Si tu crois en Dieu Père, forcément tu pratiques la fraternité ! » Comme l'a si bien dit saint Jacques, dans son épître : « Mes frères, si quelqu'un prétend avoir la foi, alors qu'il n'agit pas, à quoi cela sert-il ? Cet homme-là peut-il être sauvé par sa foi ?

Supposons que l'un de nos frères ou l'une de nos sœurs n'aient pas de quoi s'habiller, ni de quoi manger tous les jours ; si l'un de vous leur dit : "Rentrez tranquillement chez vous ! Mettez-vous au chaud, et mangez à votre faim !", et si vous ne leur donnez pas ce que réclame leur corps, à quoi cela sert-il ?

Ainsi donc, pour celui qui n'agit pas, sa foi est bel et bien morte, et on peut lui dire : "Tu prétends avoir la foi, moi je la mets en pratique. Montre-moi donc ta foi qui n'agit pas ; moi, c'est par mes actes que je te montrerai ma foi." » (Jc 2, 14-18)

On ne peut manifester sa foi qu'en pratiquant la solidarité.

Comme j'aime à le répéter à des pré-adolescents que je prépare à la profession de foi, confesser un Dieu Père, c'est vivre en frères. La seule manière de penser son attachement à « Notre Père », c'est d'établir ici et maintenant une relation de fraternité avec tous ses autres enfants.

Voilà pourquoi, pour le chrétien, la foi en Dieu ne peut être accompagnée que d'une pratique. « Ce n'est pas en me disant "Seigneur, Seigneur", qu'on entrera dans le Royaume des cieux, mais c'est en faisant la volonté de mon Père qui est dans les cieux. » (Mt 7, 21)

Et la volonté du Père, c'est la promotion de la fraternité. Telle est la vraie pratique de la foi.

Le combat contre l'exclusion

Poser un geste de fraternité à l'égard d'un ami, c'est chose facile, tout le monde sait le faire. Mais poser un geste de fraternité à l'égard de celui qui est exclu, cela devient signifiant de notre attachement au Père. Voilà pourquoi Jésus nous dit : « Ce que vous faites au plus petit d'entre les miens, c'est à moi que vous le faites. » (Mt 25, 40)

Et ce combat continue de parler aux jeunes d'aujourd'hui. Lorsqu'on leur demande quelles sont les figures françaises les plus parlantes de l'Église des temps modernes, ils ne citent pas en premier tel ou tel cardinal, mais plutôt, comme j'ai déjà eu l'occasion de le souligner, l'abbé Pierre, Sœur Emmanuelle. Lorsque la figure chrétienne est solidaire des personnes les plus démunies, elle continue de parler aux jeunes.

Aujourd'hui encore, j'observe des adolescents apparemment retors à toute démarche pastorale s'engager à fond lorsqu'on les sollicite pour un réel service des plus démunis.

Aussi étonnant que cela puisse paraître de prime abord, l'association Le Valdocco, qui mène un accompagnement éducatif d'adolescents en grande difficulté majoritairement domiciliés dans les quartiers sensibles, et qui fonctionne dans le cadre de la laïcité à la française, est l'œuvre qui aujourd'hui suscite le plus de vocations religieuses chez les salésiens de Don Bosco.

Oui, je crois que le rapprochement des adolescents et de l'Église ne peut passer aujourd'hui que par une plus grande proximité de celle-ci aux côtés de nos frères les plus défavorisés. La Parole de l'Église reste entendue sur le terrain de la solidarité.

La pratique sacramentelle

Mais lorsque les adolescents – et d'ailleurs, bon nombre d'adultes également –, parlent de pratique, ils parlent essentiellement de la participation à la messe dominicale. Bon nombre d'entre vous, parents, grands-parents, se désolent de voir les jeunes refuser avec insistance de vous accompagner à la messe du dimanche. Il est vrai que s'insérer dans une assemblée de cheveux blancs, animée par une cantatrice (ou du moins qui se croit comme telle) chantant des cantiques d'un autre âge, ne paraît guère enthousiasmant pour un jeune qui a aujourd'hui 14, 15 ou 16 ans !

Et l'obliger à participer n'a guère de sens, tant le message de Dieu consiste toujours à un appel à la liberté et que la pédagogie évangélique se veut toujours respectueuse de la liberté.

Alors que faire ? Peut-être profiter de ces moments un peu exceptionnels de la vie familiale, l'adolescent ne refusant pas de participer à une célébration de baptême, de première communion, de confirmation, de mariage ou de funérailles.

Le baptême

Merveilleuse occasion de se retrouver en famille, avec ses ados, autour de la cuve baptismale, pour fêter la naissance, ou plus exactement le passage de la mort à la vie !

Tel est le sens de la plongée dans l'eau du baptême. Il est vrai que le rite de l'immersion, où par trois fois la tête du baptisé est plongée entièrement dans l'eau, est plus parlant que celui consistant à seulement verser quelques gouttes sur le front de l'enfant. Mais le signe est le même.

Si l'eau a été choisie comme signe pour le baptême, c'est qu'elle est à la fois signe de vie, indispensable à la vie de la plante, de l'animal, de l'homme, et signe de mort lorsqu'il s'agit d'ouragan ou de tsunami. Et c'est parce qu'elle est à la fois signe de mort et signe de vie qu'elle a été choisie par l'Église comme signe du passage de la mort à la vie. Vivre en enfant de Dieu, c'est emprunter cet itinéraire pascal du mourir pour vivre : mourir à l'égoïsme pour naître à l'amour, mourir à la peur pour naître à l'aventure, mourir aux certitudes pour naître à la foi.

Nul ne peut rester indifférent à ce rite, s'il en comprend le sens. Et le signe de l'onction d'huile, signe de reconnaissance autrefois réservé aux rois, celui du vêtement blanc, qui a la couleur de la toge que revêtait l'esclave affranchi, et celui de la lumière, où la cire doit disparaître pour donner naissance à la flamme, viennent compléter la portée du signe de l'eau.

Merveilleux moment où le baptisé est reconnu dans sa dignité d'enfant de Dieu et de frère des hommes, le baptême étant à la fois le sacrement de la filiation divine et de la fraternité humaine.

Et, à ce jour, le parrain et la marraine sont choisis pour accompagner le baptisé sur cette route de fils et de frère.

Combien ai-je rencontré d'adolescents, apparemment un peu éloignés de l'Église, investir de manière authentique et profonde cette responsabilité de parrain et de marraine !

L'Eucharistie

Il est des moments où l'adolescent, même le plus rebelle vis-à-vis de la participation à la messe dominicale, acceptera de participer à une eucharistie : première communion d'un cousin ou d'un neveu, messe anniversaire d'un événement familial important.

Là encore, sachons profiter de sa présence pour l'aider à découvrir le sens de la messe à laquelle il participe. Ce repas de l'amour se situe à la fois dans le registre de la mémoire du passé (le dernier repas partagé par Jésus avec ses amis), de la convivialité du présent et de l'anticipation de l'avenir (l'attente du Royaume).

On retrouve ici les trois grandes dimensions de l'Eucharistie, si bien décrites par le pape Jean-Paul II dans sa lettre apostolique, *Reste avec nous, Seigneur* (Mane nobiscum, Domine)[18] :

– la dimension de mémorial. Il s'agit de faire mémoire du dernier repas partagé par le Seigneur avec ses amis, à un moment crucial où sa vie va basculer dans l'horreur de la Passion ;

– la dimension de la convivialité, qui est celle du repas partagé dans le présent, véritable instant de communion ;

– la dimension de l'anticipation. Partager l'Eucharistie, c'est goûter par anticipation l'ambiance d'un monde

[18] Jean-Paul II, *Reste avec nous, Seigneur* (Mane nobiscum, Domine), Lettre apostolique à l'épiscopat, au clergé et aux fidèles pour l'année de l'Eucharistie (octobre 2004-octobre 2005), Bayard/Cerf/Mame, 2004.

où chacun se reconnaîtrait comme frère, convié à la même table pour vivre le partage ! En même temps qu'elle rend présent le passé, l'Eucharistie nous tourne vers l'avenir.

« Cet aspect "eschatologique" donne au sacrement eucharistique une dynamique qui met en marche et qui donne au cheminement chrétien le souffle de l'espérance. »

– Et la quatrième dimension, c'est celle de la présence réelle. Comme le dit Jean-Paul II, « Toutes ces dimensions de l'Eucharistie se rejoignent dans un aspect qui, plus que tous les autres, met notre foi à l'épreuve, à savoir celui du mystère de la présence "réelle". »

Leurs yeux s'ouvrirent et ils le reconnurent... « Il est significatif que les deux disciples d'Emmaüs, bien préparés par les paroles du Seigneur, l'aient reconnu, alors qu'ils étaient à table, au moment du geste simple de la "fraction du pain". Lorsque les esprits sont éclairés et que les cœurs sont ardents, les signes "parlent". L'Eucharistie se déroule entièrement dans le contexte dynamique de signes qui portent en eux-mêmes un message dense et lumineux. C'est à travers les signes que le mystère, d'une certaine manière, se dévoile aux yeux du croyant. »

Voici que le pain devient corps du Christ. Et le corps, c'est ce qui nous rend présent. Communier au corps du Christ – et ce que nous mangeons devient nous-mêmes –, c'est s'engager à le rendre présent dans le monde d'aujourd'hui, c'est prendre des forces pour réaliser cette mission. Mais le corps a une deuxième signification, plus sociale. C'est celle de l'institution (par exemple le corps des sapeurs-pompiers) où chacun apporte sa compétence pour réaliser la mission. On ne peut rendre présent Jésus Christ à soi tout seul. C'est ensemble, en Église, que nous Le rendons présent.

Et voici que le vin devient sang du Christ. Le sang, c'est le signe de la vie, cette vie divine qui coule alors dans nos veines. Et le sang a aussi une signification sociale. Deux personnes du même sang sont deux personnes ayant les mêmes parents. Boire à la même coupe, c'est affirmer ce lien familial. En communiant au sang du Christ, nous nous révélons être frères en Jésus Christ.

Merveilleuse présence réelle (qu'il ne s'agit pas de confondre avec une présence matérielle) du Christ dans le pain et le vin partagés au cours de l'Eucharistie !

La confirmation

À quoi bon être confirmé puisque l'on a déjà reçu la plénitude de l'Esprit Saint au jour de son baptême ? Cette question m'est souvent posée par des adolescents. J'aime leur répondre par une parabole tirée de mon expérience.

Voici quelques années, j'encadrais un camp d'adolescents à la montagne, dans le Briançonnais. Parmi les jeunes, David, l'un d'entre eux, paraissait bien frêle, avec son retard de croissance. Il se faisait souvent bousculer par les autres, bien plus costauds que lui, et qui souvent le maltraitaient. Il était venu à cause de sa passion pour la montagne, mais les autres le « charriaient » un peu, parfois même méchamment, avec ses histoires d'escalade. Arriva le jour de l'activité « varappe », et le groupe se trouvait au pied d'une paroi rocheuse à escalader.

Comme d'habitude, ce fut Jonathan, « la grande gueule » du groupe, qui se précipita en premier. Mais maladroit, et sujet au vertige, il paniqua complètement parvenu à mi-parcours, ne parvenant plus ni à monter, ni à descendre. Agile comme un chat, David alla le rejoindre et patiemment le guida jusqu'en haut de la paroi. Le soir, l'ambiance avait bien changé dans le groupe. Et David suscitait admiration et respect. Voici qu'il avait été confirmé dans ses talents de grimpeur.

Rien n'avait changé pour lui. Il était aussi doué en escalade avant et après l'activité de cette journée. Mais tout avait changé dans le groupe, par cette confirmation de son talent de grimpeur.

Il en va de même pour la confirmation dans l'Église. Voici que le jeune est confirmé dans sa foi, prêt à prendre sa place d'adulte dans la communauté ecclésiale. Merveilleuse Église qui, dans une société si vieillissante qui a tendance à toujours retarder l'âge de la prise de responsabilité, confère le statut d'adulte à des lycéens.

Mais combien ai-je du mal à constater parfois, dans certaines communautés paroissiales, que rien ne change dans la place du jeune, qu'il soit confirmand ou confirmé !

Le mariage

La fête du mariage, d'un grand cousin ou d'une grande sœur, est toujours fortement investie par l'adolescent.

Et là encore, il s'agit de profiter de l'occasion pour faire découvrir le vrai sens du sacrement de mariage.

Il ne s'agit pas pour les mariés de passer devant Dieu comme ils sont passés devant le maire. Il s'agit de choisir de vivre leur relation d'amour comme signe de l'Amour que Dieu leur porte. Un Dieu qui choisit, pour rassembler, l'amour fragile de deux jeunes comme signe de sa présence. N'est-ce pas un peu fou ?

Mais c'est justement dans cette folie-là que réside le secret de cette fidélité qui est demandée par l'Église. Car ce que demande l'Église, ce n'est pas d'abord de respecter je ne sais quelle ligne de conduite, ni je ne sais quel code de morale ; ce que demande l'Église à ceux qui ont choisi de vivre leur alliance comme signe de l'alliance avec Dieu, c'est de « demeurer dans son Amour ».

« Demeurer dans l'Amour » : c'est d'abord s'engager à vouloir renouveler cet amour chaque matin : aimer chaque jour, c'est toujours vouloir aimer plus. Il en va de l'amour comme d'une langue. Une langue qui ne se renouvelle pas est une langue morte. Un amour qui ne sait pas trouver les mots et les gestes pour se redire au jour le jour est un amour qui est en train de s'étioler, qui se dirige vers la mort. Oui, « demeurer dans l'Amour », c'est toujours refuser la répétition, s'engager dans une démarche de perpétuelle créativité, apprendre au jour le jour à trouver de nouveaux mots, de nouveaux gestes pour manifester sa tendresse.

« Demeurer dans l'Amour », c'est aussi apprendre à s'émerveiller de la différence de l'autre. Aimer à la façon de Jésus, cela ne consiste pas à vouloir gommer la différence, encore moins vouloir la nier, c'est au contraire l'accepter et vouloir toujours s'en enrichir. « Demeurer dans l'Amour », c'est accepter d'être parfois déçu l'un par l'autre. Peut-être n'est-on pas capable d'aimer vraiment, que lorsque l'on a été déçu l'un par l'autre. Car tant qu'on n'a pas été déçu par l'autre, on risque d'être amoureux de l'image idyllique que l'on se fait de lui plutôt que de sa propre réalité. Or la réalité de l'autre échappe toujours à la représentation que l'on peut s'en faire, qui n'est en fait qu'une sorte de miroir de nous-mêmes. « Demeurer dans l'Amour », c'est parfois remplacer l'enthousiasmant « je t'aime parce que... » des débuts par le plus humble « je t'aime, bien que... »

« Demeurer dans l'Amour », c'est enfin aller jusqu'au bout dans cette démarche d'amour, quelques puissent être les difficultés rencontrées en chemin. Il n'y a pas de plus grand amour que de donner sa vie pour ses amis, ne cesse de répéter Jésus. Donner sa vie, ce n'est pas forcément poser je ne sais quel acte d'héroïsme. C'est peut-être beaucoup plus simplement donner son temps, car ce qui fait ma vie, c'est le temps. Il est beaucoup plus difficile de donner de son temps que de donner des cadeaux. Quand on donne un cadeau, on donne quelque chose que l'on a, quand on donne de son temps, on se donne soi-même.

Et le sacrement du mariage, c'est le signe de ce don.

Les funérailles

Le moment douloureux de l'adieu à un être cher peut constituer l'occasion avec l'adolescent bouleversé d'aborder la question du sens de la vie. Comment peut-elle faire sens puisque la mort est au rendez-vous ?

Puisse l'accompagnement de nos adolescents dans ce douloureux moment permettre de partager la paix et l'espérance !

Célébrer les obsèques à l'Église, ce n'est pas célébrer la mort, c'est célébrer la vie : rendre grâce pour tout ce que nous avons vécu et partagé avec celui qui a quitté ce monde.

Se réunir à l'Église, c'est manifester que les liens d'amitié et d'affection qui nous unissent au disparu sont plus forts que la mort, c'est qu'ensemble nous voulons affirmer que la mort ne signifie pas pour nous la fin de son histoire parmi nous, que ce que nous avons vécu et partagé avec lui continuera de nous illuminer chaque fois que nous ferons mémoire de lui.

Croire à la résurrection ne signifie pas pour le chrétien attente passive de retrouvailles glorieuses ; croire en la résurrection signifie engagement dans l'aujourd'hui à continuer de vivre de notre relation avec lui, à poursuivre l'aventure entreprise.

Croire en la résurrection, c'est maintenir vivant le lien avec le disparu jusqu'au jour où notre cœur, à son tour fatigué de battre, ira se consumer dans cette lumière dont nous savons qu'elle ne peut s'éteindre puisqu'elle prend sa source dans le feu de l'amour.

Telle est notre foi.

Telle est notre espérance.

Telle est la force de notre amour, plus fort que la mort.

Conclusion

Croire, Espérer, Aimer

Parvenu au terme de cet ouvrage, il m'est difficile de rédiger une conclusion, car j'ai bien conscience que la question posée n'a guère été traitée de manière intégrale, tant d'autres aspects seraient à développer.

J'espère seulement que le lecteur pourra emprunter telle ou telle piste ouverte dans tel ou tel chapitre pour avancer dans sa propre réflexion.

S'il me fallait en quelques mots résumer l'essentiel de la démarche entreprise, je partagerai cette conviction :

On ne peut pas transmettre l'amour aux jeunes en tenant de grands discours sur l'amour. On ne peut le faire qu'en aimant les jeunes.

On ne peut pas transmettre l'espérance aux jeunes en tenant de grands discours sur l'espérance. On ne peut le faire qu'en partageant son espérance avec les jeunes.

Il en va de même pour la foi. On ne peut pas transmettre la foi en tenant de grands discours sur la foi. On ne peut le faire qu'en croyant en les jeunes, en leur faisant confiance.

La confiance, mot-clé de la pédagogie et de la spiritualité de Don Bosco, mot-clé de notre avenir. Croire en les jeunes, à la manière dont Jésus Christ croit en eux, à la manière dont j'expérimente que Jésus Christ croit en moi, n'est-ce pas là le meilleur résumé de cet ouvrage consacré à la transmission de la foi ?

Et nous voilà alors placés au centre de la démarche pastorale préconisée par Don Bosco. *Évangéliser en éduquant*, c'est-à-dire toujours veiller à ce que la bonne nouvelle annoncée soit comprise comme un appel à grandir.

Éduquer en évangélisant, c'est-à-dire mettre en œuvre la pédagogie du Christ, toujours attentif aux besoins de chaque personne rencontrée.

Une telle démarche exige du temps... Comme le dit si bien Winnicott, un psychanalyste qui a beaucoup travaillé sur les questions d'adolescence, « il n'existe qu'un remède à l'adolescence (...) Le remède, c'est le temps qui passe et les processus de maturation graduels qui aboutissent finalement à l'apparition de la personne adulte[19]. »

Apprenons aux côtés des adolescents à faire le deuil d'un désir d'efficacité instantanée ! Et continuons de prendre le temps de l'accompagnement dans la durée.

Et que le sentiment d'échec qui nous taraude lorsque nos efforts paraissent vains ne l'emporte jamais sur la confiance en la vie !

---

[19] D.W. Winnicott, *Déprivation et délinquance*, Éditions Payot, 1994, p. 174.

Alors je conclurai par une prière. Et puisque dans l'Évangile, Jésus ne parle pas de la prière, mais nous est montré en train de prier ou d'apprendre à prier à ses disciples, je propose de prier avec les adolescents dont nous venons si largement de parler, en reprenant les termes d'une prière attribuée à Don Bosco, large inspirateur des propos contenus dans cet ouvrage.

« Jésus, prends mes yeux, mes regards blessants et mes aveuglements égoïstes ; donne-moi tes yeux pour m'émerveiller comme toi, et pour voir avec ton cœur.

Jésus, prends mes mains si souvent paresseuses et querelleuses ; donne-moi tes mains pour partager et servir, pour travailler et pour bâtir, tes mains percées de clous pour m'offrir à ton Père avec toi !

Jésus, prends mes lèvres gourmandes et médisantes ; donne-moi tes lèvres pour me taire et pour prier, pour bénir et pour remercier, pour sourire et pour chanter.

Jésus, prends mon cœur avec ses duretés et ses colères ; donne-moi ton cœur, un cœur pacifique pour faire la paix, un cœur magnifique pour donner sans compter, un cœur humble et doux pour te reconnaître dans le frère le plus appauvri.

Seigneur, accorde-moi de toujours éprouver la douceur de ta présence. »

Table des matières

Achevé d'imprimer par Corlet, Imprimeur, S.A. - 14110 Condé-sur-Noireau
N° d'Imprimeur : 154366 - Dépôt légal : mars 2013 - *Imprimé en France*